AF644191

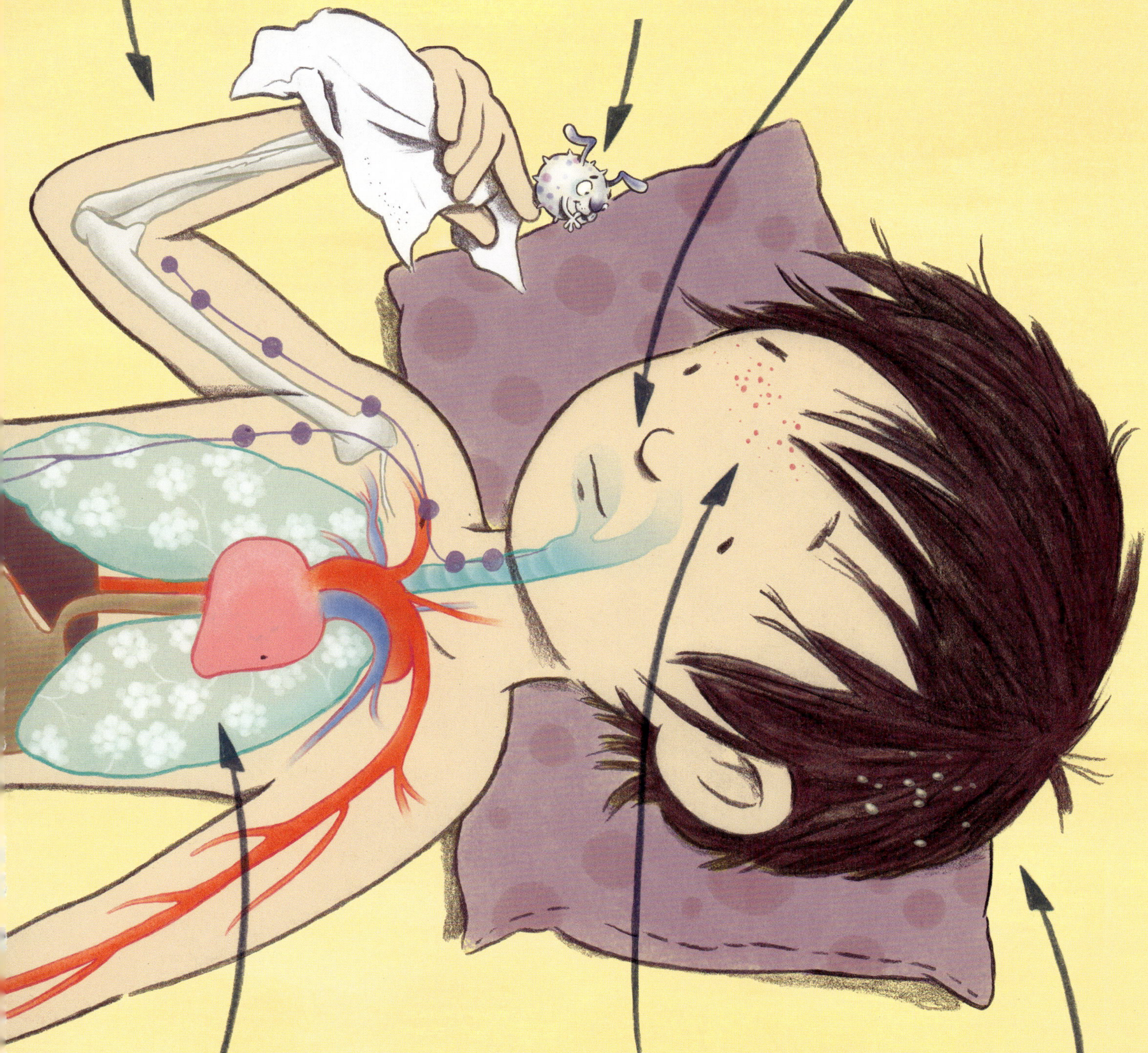

© privat

Katja Ludwig

lebt mit ihrer Familie in Berlin und Brandenburg. Sie führt ein Doppelleben als Ärztin und Autorin. Bislang sind von ihr Vorlesegeschichten und mehrere Kinderromane erschienen. Dies hier ist das erste Bilderbuch. Mit Zyttie, Phago und Dorothee hatte sie viel Spaß.

© Elena Busshoff

Dorothee Mahnkopf

studierte an der Hochschule für Gestaltung in Offenbach und lebt inzwischen mit ihrer Familie in Rheinland-Pfalz. Sie arbeitet seit vielen Jahren als freiberufliche Illustratorin und zeichnet Bilder für Kinder- und Schulbücher, Tageszeitungen und Zeitschriften.

1. Auflage 2023
© 2023 Penguin JUNIOR in der
Penguin Random House Verlagsgruppe GmbH,
Neumarkter Straße 28, 81673 München
Alle Rechte vorbehalten
Text: Katja Ludwig
Illustrationen: Dorothee Mahnkopf
Umschlaggestaltung: Miriam Wasmus
Lektorat: Silvia Schröer
Reproduktion: Lorenz+Zeller, Inning a. A.
Druck: Grafisches Centrum
Cuno GmbH & Co. KG, Calbe
ISBN 978-3-328-30071-7
Printed in Germany

www.penguin-junior.de

Bei diesem Buch wurden die durch das verwendete Material und die Produktion entstandenen CO_2-Emissionen ausgeglichen, indem Penguin JUNIOR ein Projekt zur Aufforstung in Brasilien unterstützt. Weitere Informationen zu dem Projekt unter: www.ClimatePartner.com/14044-1912-1001

MIX
Papier aus verantwortungsvollen Quellen
FSC® C043106
FSC www.fsc.org

Wir produzieren Klimaneutral
ClimatePartner.com/14044-1912-1001
Druckprodukt

Penguin Random House Verlagsgruppe, FSC® N001967

Sollte diese Publikation Links auf Webseiten Dritter enthalten, so übernehmen wir für deren Inhalte keine Haftung, da wir uns diese nicht zu eigen machen, sondern lediglich auf deren Stand zum Zeitpunkt der Erstveröffentlichung verweisen.

Katja Ludwig
Dorothee Mahnkopf

KRANK? GESUND?

In deinem Körper geht's rund!

PENGUIN JUNIOR

WILLKOMMEN IN ZYTTIES WELT!

Zyttie ist ein klitzekleiner Bluthund, eine richtige Streunerin. Sie lebt im menschlichen Körper. Dieser Körper ist eine geheimnisvolle Welt mit rauschenden Flüssen, dicht bevölkerten Dschungeln und endlosen Weiten.

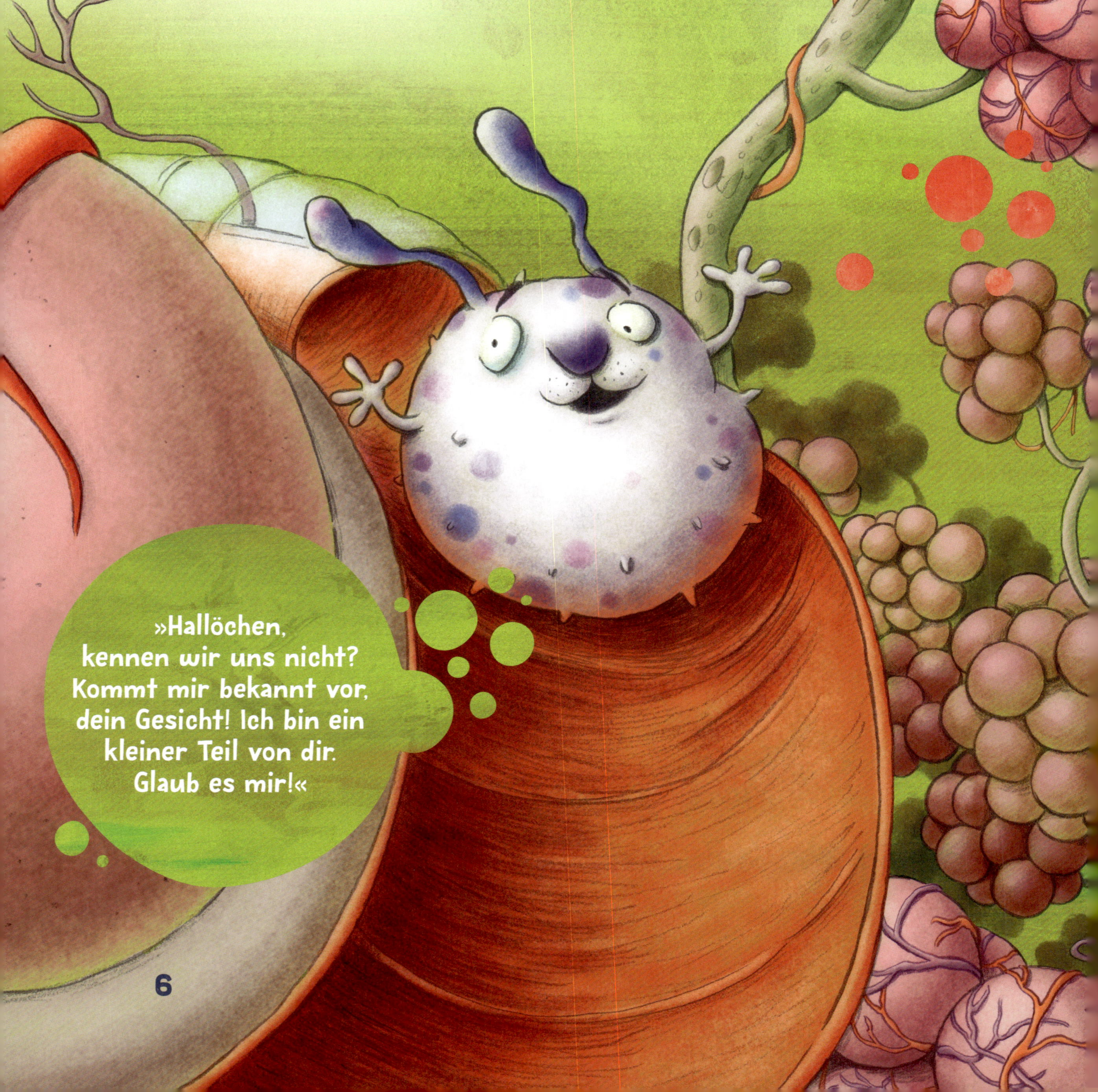

WEISSE BLUTKÖRPERCHEN

Unsichtbar winzig schwirren die weißen Blutkörperchen in dir herum und tun alles, damit du gesund bleibst. Sie jagen Eindringlinge jeglicher Art und sind Tag und Nacht mit Aufräumen beschäftigt. Blutkörperchen kommen aus dem Knochenmark, wo sie durch Zellteilung immer wieder neu entstehen.

Am liebsten ist Zyttie da, wo ordentlich was los ist. Zyttie hat eine super Spürnase, wenn es um Krankheiten geht. Als weißes Blutkörperchen gehört sie zu einer riesigen Meute. Sie ist eigentlich nie allein, weil es immer unglaublich viele Blutkörperchen von ihrer Sorte gibt.

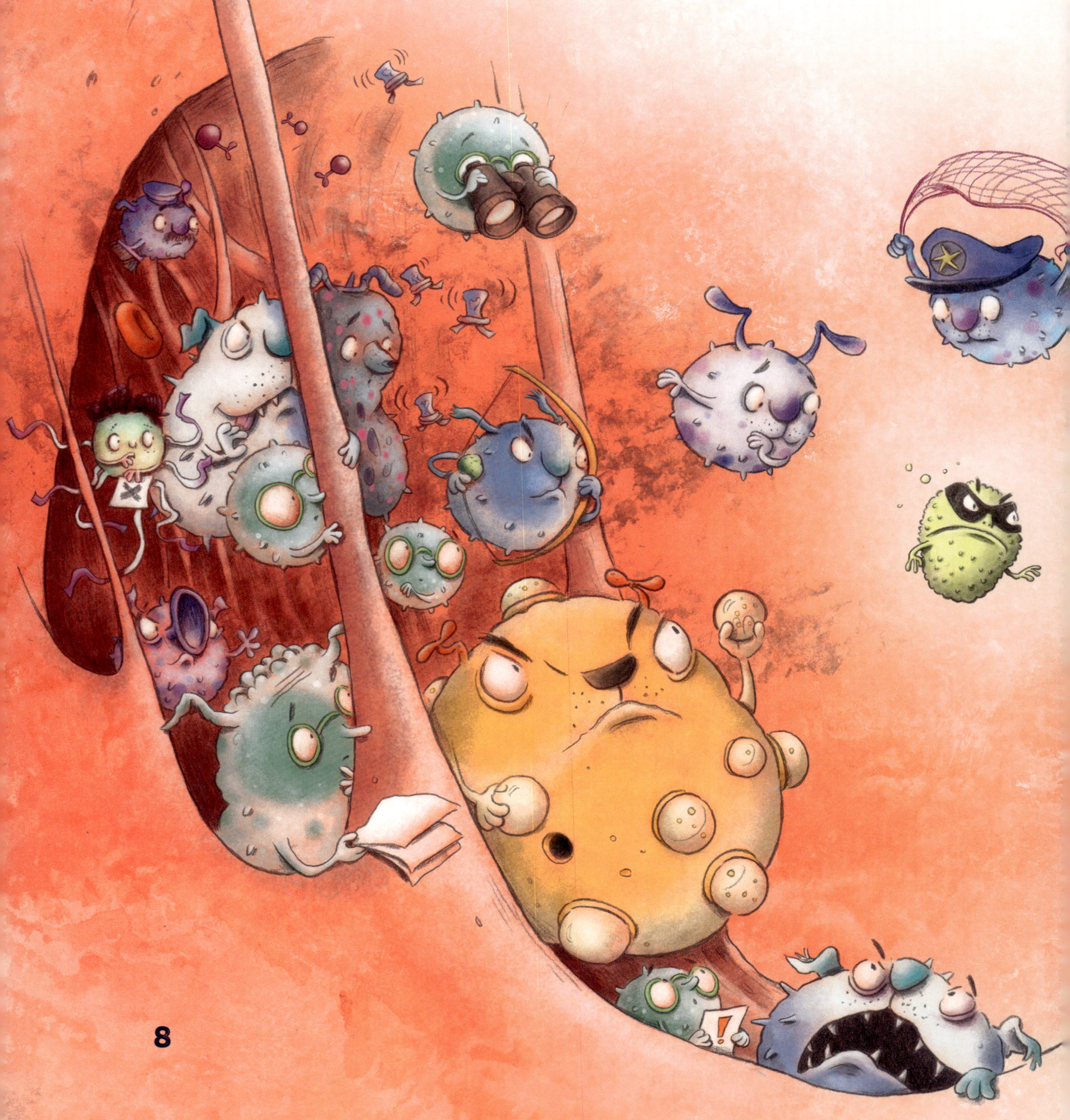

WAS IST KRANKHEIT ÜBERHAUPT?

Wenn du gesund bist, bist du im Gleichgewicht. Dein Körper funktioniert – du denkst gar nicht an ihn. Wirst du jedoch krank, ist dieses Gleichgewicht durcheinandergeraten. Weiße Blutkörperchen helfen mit, die Ursache zu finden und sie zu beseitigen, bevor du etwas merkst. Gelingt das nicht schnell genug, wirst du krank. Es gibt viele Möglichkeiten, dich aus dem Gleichgewicht zu bringen: fiese Keime, Verletzungen. Das kann eine Schürfwunde sein, aber auch wenn jemand gemein zu dir ist.

SYMPTOME

Für dich beginnt alles mit den Symptomen, den Krankheitsanzeichen. Sie sind das, was unangenehm und anders ist als sonst. Symptome sind nicht die Krankheit an sich, sondern Erkennungsmerkmale. Ärzte sind da Detektive: Aus einer bestimmten Mischung von Symptomen schließen sie auf die Art der Krankheit. Wichtige Symptome sind: Schmerzen und Fieber, aber auch Husten, Schnupfen, Durchfall, Schwellungen, Hautrötungen und Juckreiz.

DIE PUTZKOLONNE

Alle hier sind so wie ich, denkt Zyttie und seufzt, als sie mit den anderen mal wieder frisch aus dem Knochenmark geschlüpft ist und sie schon aufgeregt bellen hört. »Zyttie, los geht's!« Ihre neue Putzkolonne macht sich auf den Weg. Kaum hat sich Zyttie in ein Blutgefäß plumpsen lassen, kriegt sie auch schon Appetit. Sie ist eben eine richtige kleine Fresszelle!

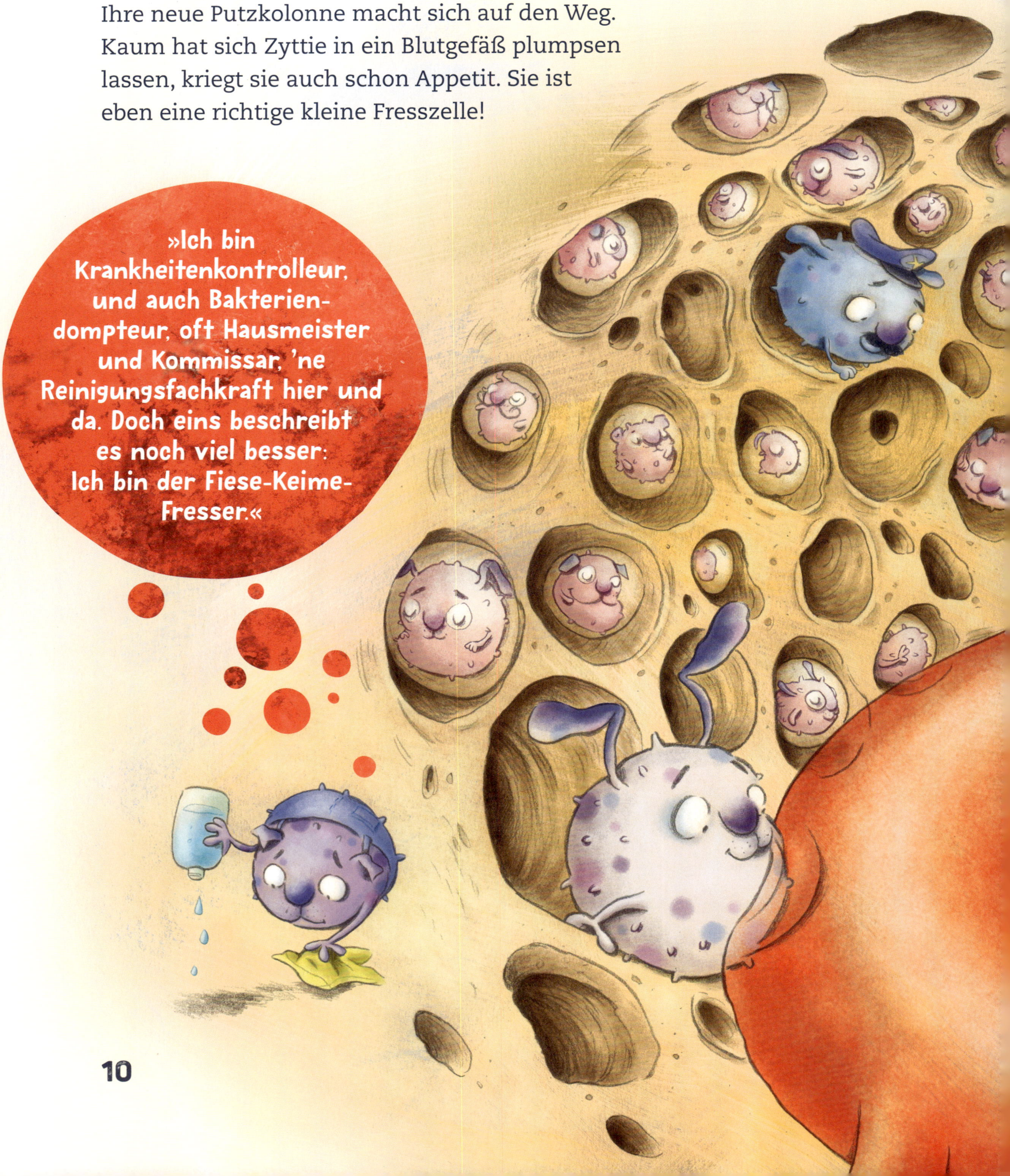

STAPHYLOCOCCUS
EPIDERMIDIS
Bakterium

CANDIDA
ALBICANS
Pilz

IMMUNSYSTEM

Die weißen Blutkörperchen sind Teil des Immunsystems, mit dem sich der Körper gegen Krankheitserreger, fremde Stoffe und eigene Zellen wehrt, die nicht richtig funktionieren.

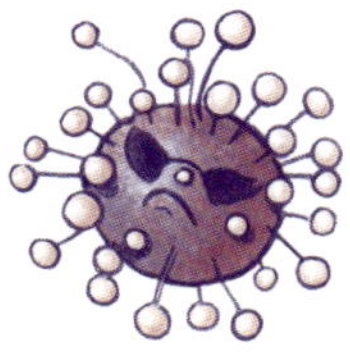

HERPES
Virus

KRANKHEITSERREGER

Krankheitserreger, auch Keime genannt, gibt es viele. Sie versuchen, deinen Körper zu entern. Die wichtigsten sind Viren, Bakterien und Pilze. Viren sind winzig, viel kleiner als Bakterien und Pilze.

RHINOVIRUS

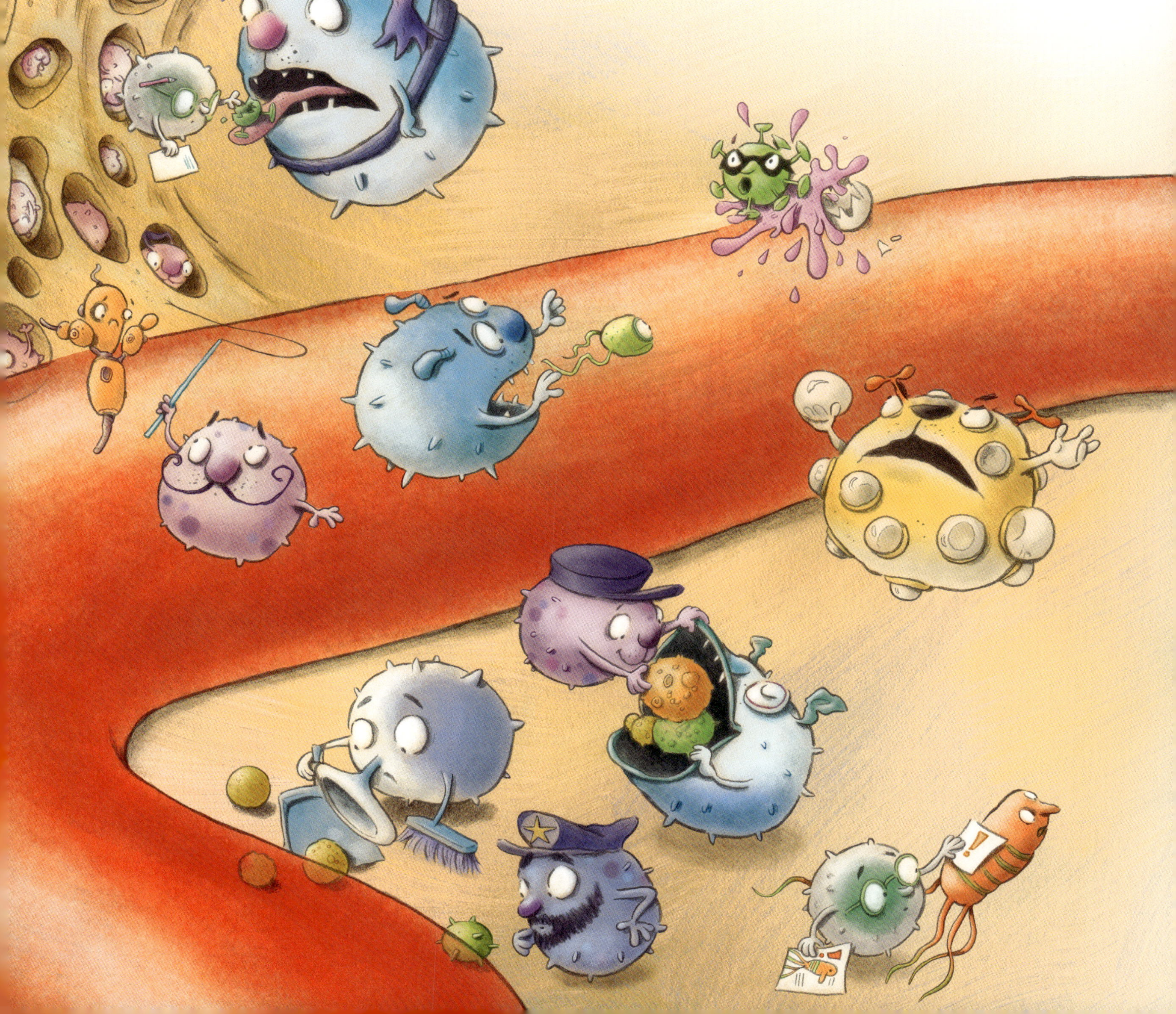

Doch irgendetwas ist anders heute. Zyttie hat keine Lust, sich der großen Meute anzuschließen. Sie will auch mal ganz alleine losziehen. Ein richtiger kleiner Spürhund sein!
Ohne dass die anderen es merken, biegt sie kurz entschlossen an der nächsten Gefäßgabelung ab.
»Jetzt will ich mal einen richtig fiesen Keim finden.«

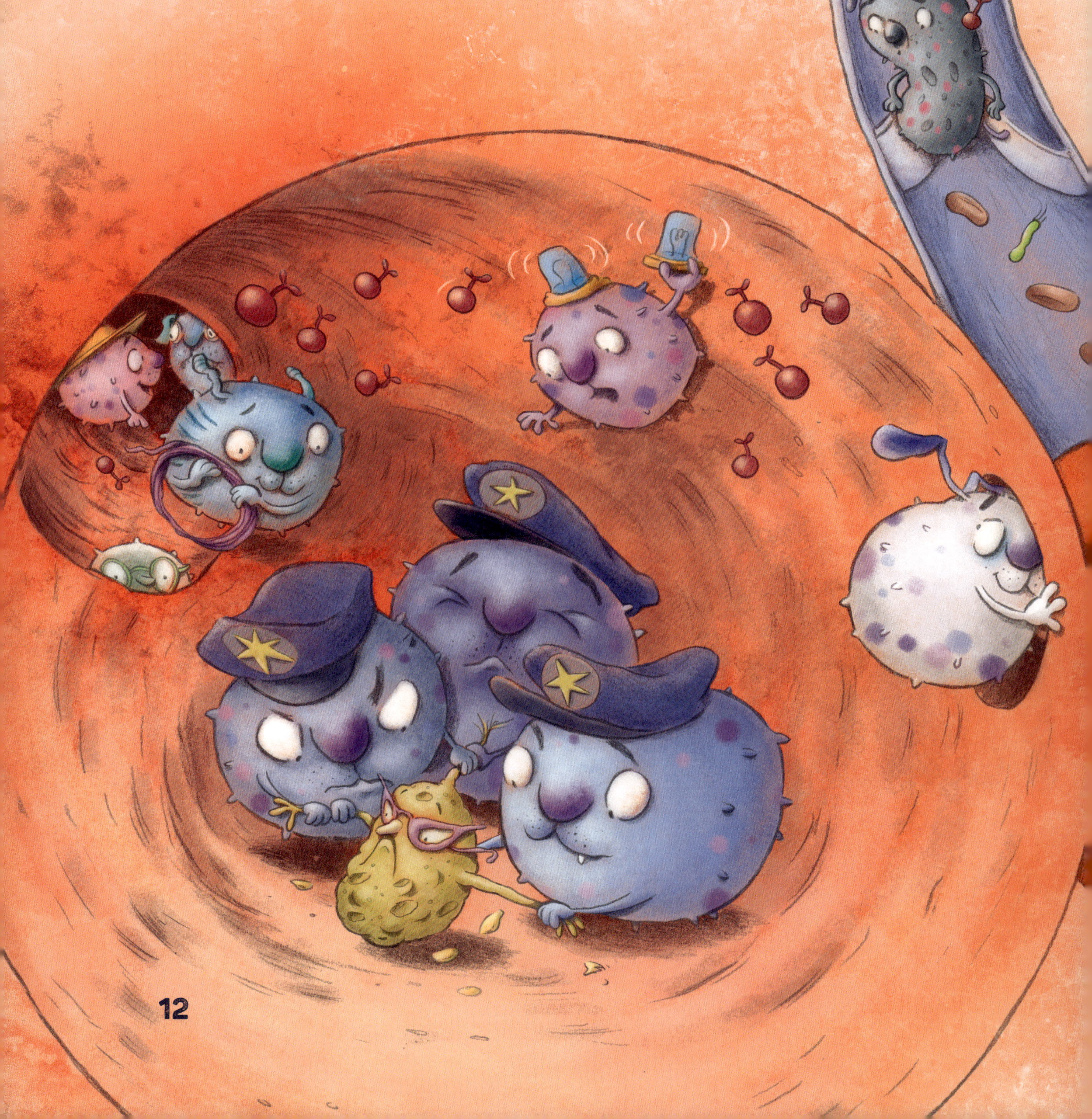

ENTZÜNDUNG UND INFEKTION

Bei einer Entzündung versammeln sich die Blutkörperchen, um gemeinsam Schaden am Körper abzuwenden. Wenn sie sich speziell gegen Keime wie Bakterien, Viren oder Pilze wehren, nennt man es Infektion. Infektionen können ansteckend für andere sein, weil Keime immer versuchen, sich auszubreiten.

Weiße Blutkörperchen kommen fast überall durch, weil sie ihre Form verändern können.

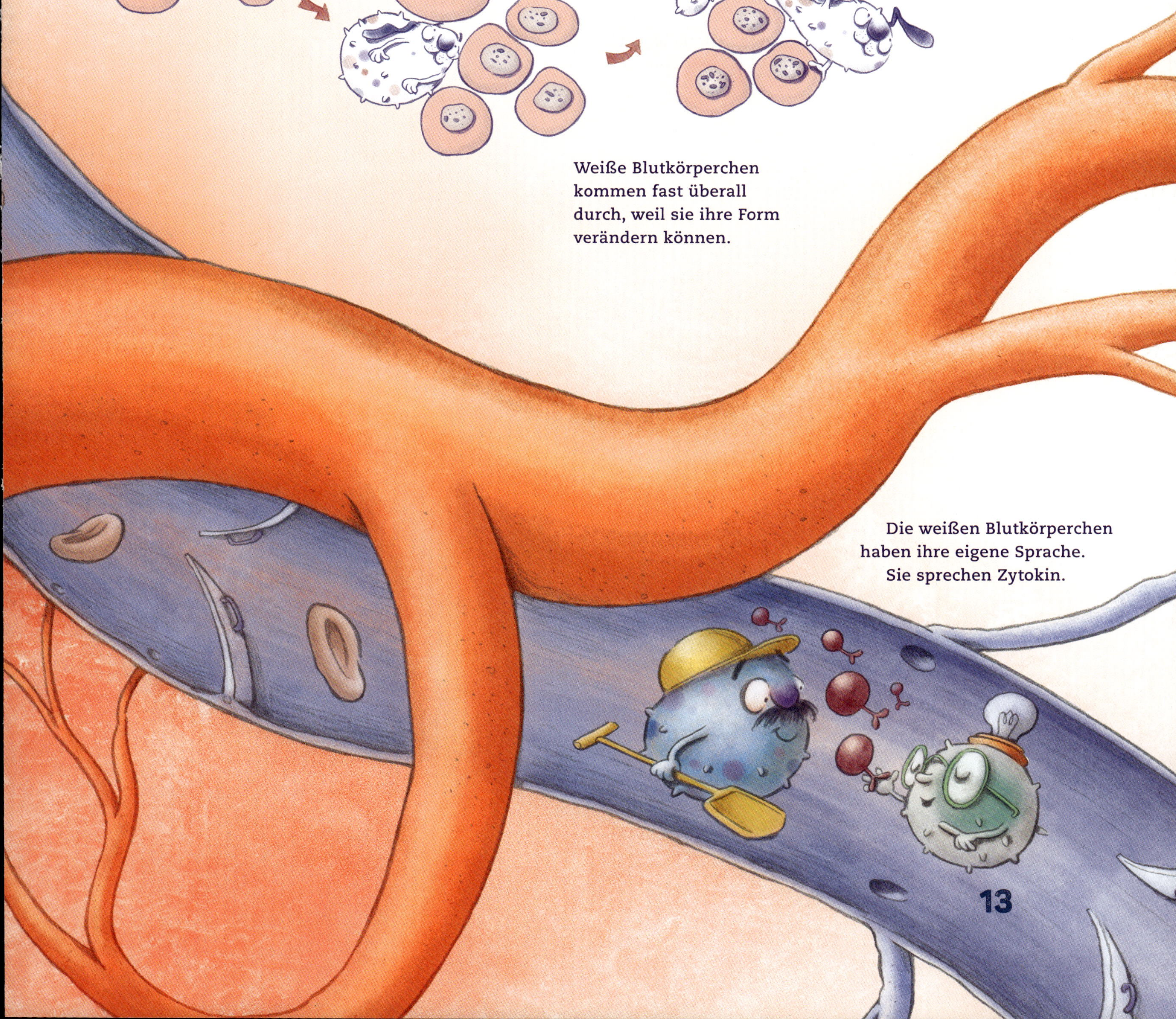

Die weißen Blutkörperchen haben ihre eigene Sprache. Sie sprechen Zytokin.

WENN DIE NASE LÄUFT UND ES IM HALS KRATZT

Über die Flimmerhärchenfelder wogt ein leichter Wind. Zyttie hat gleich eine Spur: Es riecht nach Schnupfenviren! Jemand anderes ist auch schon da. Ein ziemlich dicker Mopshund.

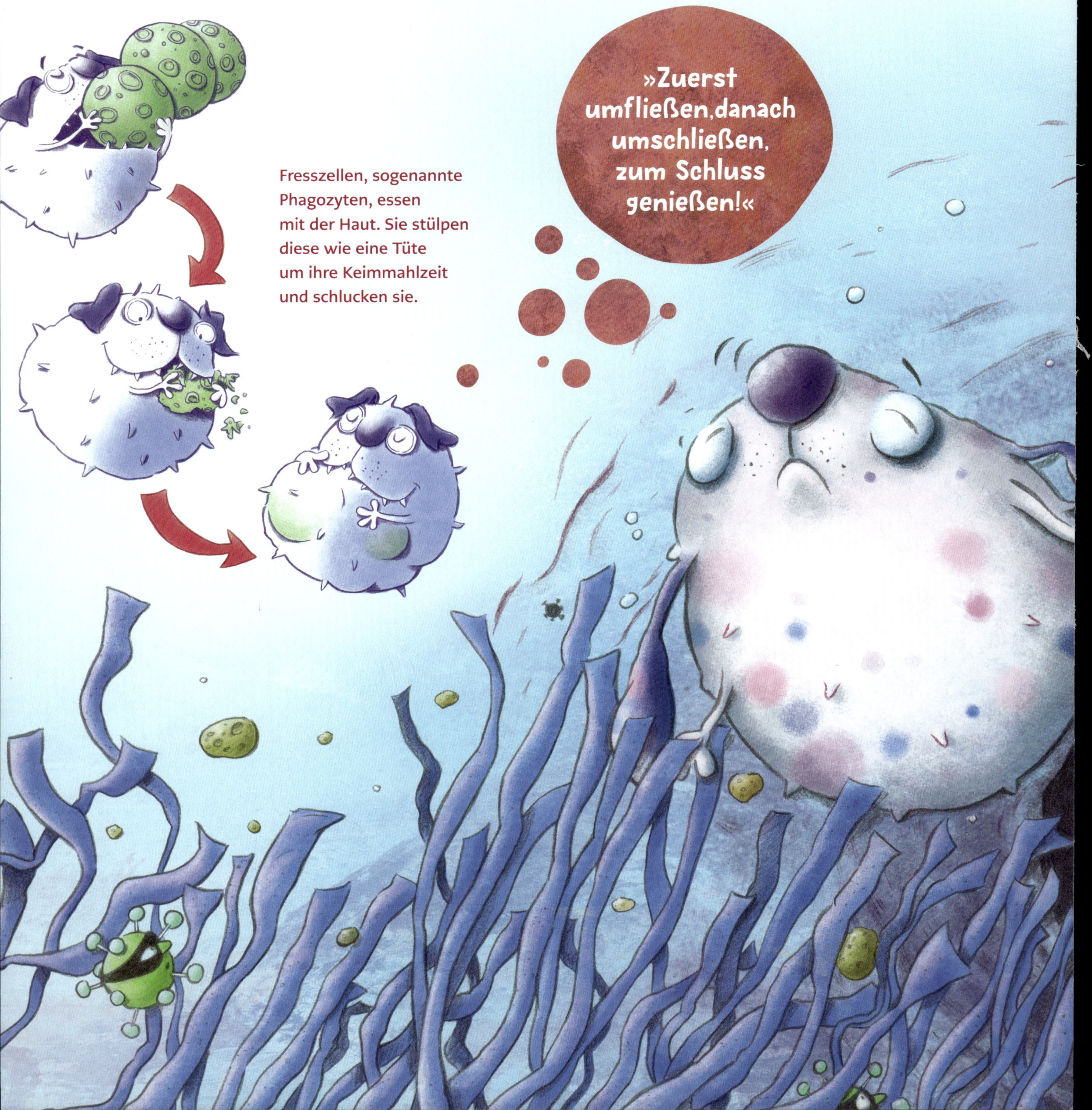

Fresszellen, sogenannte Phagozyten, essen mit der Haut. Sie stülpen diese wie eine Tüte um ihre Keimmahlzeit und schlucken sie.

Noch bevor Zyttie sich mit ihm näher bekannt machen kann, beginnt er, sich plötzlich zu verwandeln – in eine Riesenfresszelle! Von denen hat Zyttie schon gehört. Sie verputzen einfach alles, was dem Körper schaden könnte. »Lecker Virenfrikassee!«, schmatzt er. Zyttie schaut ihm bewundernd zu.

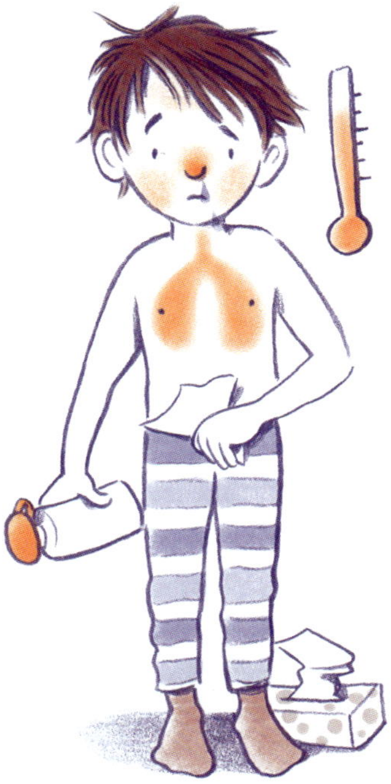

Nach und nach finden sich immer mehr weiße Blutkörperchen ein. Hustenböen fegen über sie hinweg, doch niemand lässt sich beim Fressen stören.

»Hallo, ich bin Zyttie«, sagt sie zu dem Dicken. »Wie heißt du denn?«

»Phago«, rülpst er. »Man bin ich voll.«

Plötzlich ruft jemand: »Fertig machen zum Schnaubflug!«

Im nächsten Augenblick landet die versammelte weiße Meute müde und satt als dicker Rotz im Taschentuch.

»Feierabend«, gähnt Phago zufrieden.

TIPP!

WAS KANNST DU TUN, WENN DU EINE ERKÄLTUNG HAST?

Na, Flimmerhärchen gießen! Wie? Viel trinken, damit deine Schleimhäute rutschig bleiben. Salbeitee hilft bei Halsschmerzen, Thymian bei Husten. Und lieber Limonade als gar nichts trinken! Wenn du Halsschmerzen hast, lutsche ein Bonbon, um den Speichelfluss anzuregen.

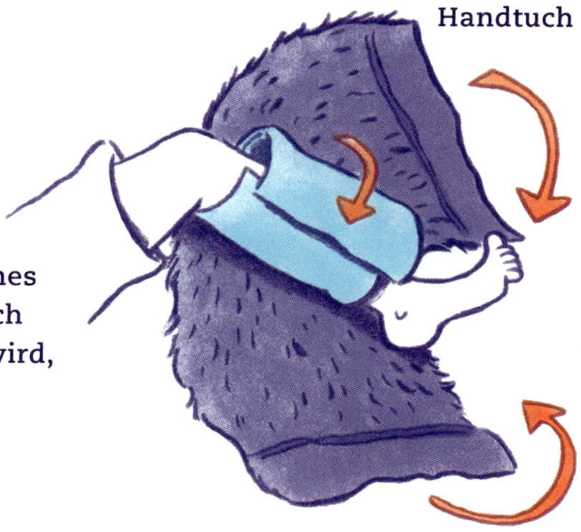

SPUCKE ODER SPEICHEL

Spucke besteht zwar fast nur aus Wasser, aber die Stoffe, die darin gelöst sind, haben es in sich. Manche sind schmerzstillend und andere wirken gegen fremde Bakterien und Viren.

ERKÄLTUNG

Unwohlsein, Halsschmerzen, Heiserkeit, Schnupfen, Niesen, Husten: Das sind Symptome einer Erkältung. Wenn du eine Erkältung kriegst, ist dir manchmal kalt. Deine Haut wird schlechter durchblutet, weil dein Körper im Innern die ganze Wärme sammelt, um eingedrungene Krankheitskeime durch Hitze abzutöten. Diese Hitze nennt man **FIEBER.** Fieber ist also etwas Gutes: Es zeigt, dass du funktionierst. Hohes Fieber über lange Zeit kann anstrengend sein, deshalb muss man manchmal versuchen, es zu senken, z. B. mit Wadenwickeln.

IM BAUCH RUMPELT ES GEWALTIG

Kaum ist Zyttie im Knochenmark wieder neu geschlüpft, merkt sie, dass im Darm ein Unwetter tobt. Nichts wie hin! Vielleicht trifft sie da Phago wieder!
Was vom Dickdarm in Richtung Po schwappt, ist laut, dünn und stinkt gewaltig. Für Zyttie ist es wie Achterbahn fahren. Ihre Freunde Bacterio und Bacilla sind auch schon da. Die beiden Darmbakterien wohnen hier. »Los, wir spielen Verstecken!«, rufen sie.

STUHLGANG

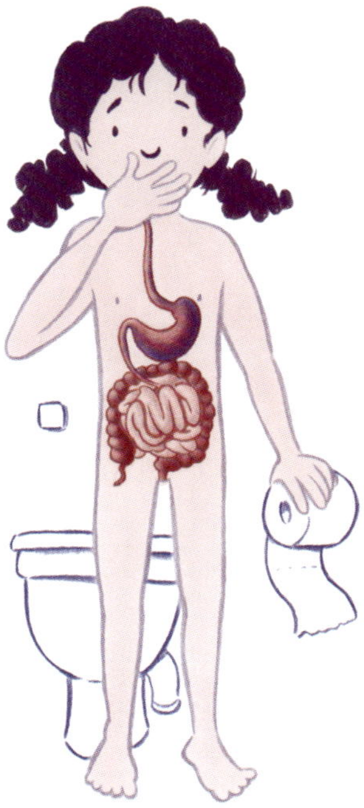

Es gibt viele Worte für das, was aus deinem Po herauskommt. Aber eigentlich ist es gut sortierter Restmüll aus nicht mehr verwertbarer Nahrung und Bakterien.

DURCHFALLERKRANKUNG

Wie Fieber sind auch Durchfall und Erbrechen ein Versuch deines Körpers, unliebsame Keime oder andere Giftstoffe hinauszubefördern. Der Darm bewegt sich dann mehr als sonst: Du hast Bauchkrämpfe. Im Magen und Darm ist mehr Flüssigkeit, damit die Krankheitserreger herausgespült werden können. Andere Ursachen für Durchfall sind seltener: Stress, Aufregung oder Essen, das dir nicht bekommen ist …

TIPP!

WAS TUN BEI BAUCHKRÄMPFEN?

Fenchel- und Kümmeltee helfen. Auch eine Wärmflasche tut gut. Wenn das Darmgewitter abgeklungen ist, müssen sich deine Bakterien erholen: Füttere sie mit Leckerlies!

Als sich das Darmgewitter beruhigt hat, zieht Zyttie alleine weiter. Eigentlich hätte ich auch gern einen richtigen Kumpel, denkt sie. So wie Bacterio Bacilla hat. Wo jetzt der dicke Phago wohl gerade ist?

LACTOBAZILLEN

SALMONELLEN

BACTEROIDES FRAGILIS

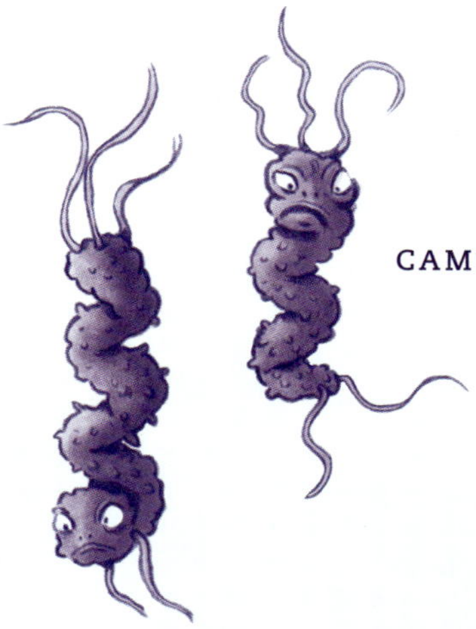

CAMPYLOBACTER

GUTE UND SCHLECHTE BAKTERIEN

Weiße Blutkörperchen sind ein Teil von dir. Du hast aber auch noch Mitbewohner: nette Bakterien. Billionen von ihnen leben auf deiner Haut und Schleimhaut, ein sehr beliebter Wohnort ist der Dickdarm. Schon während der Geburt ziehen einige Mitbewohner deiner Mutter zu dir mit um. Andere kommen über die Nahrung, deine Finger oder den Kuss des Nachbarhunds. Manche werden unersetzliche Freunde: Sie helfen bei der Verdauung, füttern Schleimhautzellen oder stellen lebenswichtige Vitamine her. Durch sie lernt dein Körper, wer gut und wer böse ist, denn nicht alle Bakterien sind nett! Es gibt auch Fieslinge, die dir schaden können.

JUCKENDE UNHOLDE

»Monsteralarm«, hört Zyttie es raunen. »Die Gruselshow in der rechten Kniekehle beginnt in wenigen Sekunden.« Vor Riesenmonstern wie Mücken, Zecken oder Würmern hat Zyttie keine Angst. Echte Bluthunde lieben Gruselshows. Sie flitzt sofort los. »Wenn ich doch bloß zusammen mit einem Kumpel hingehen könnte!«

OXYUR, DER MADENWURM

Du kannst nicht schlafen, weil es dir am Po juckt? Vielleicht hast du Madenwürmer! Sie kriechen nachts aus deinem Darm, um ihre winzigen Eier in die Hautfalten an deinem Poloch zu legen. Die Würmer sind klein und zappelig. Wenn du dich kratzt, bleiben ihre Eier an deinen Fingern kleben und du verteilst sie überall. Mit der Nahrung gelangen die Eier in den Darm. Dort schlüpfen die Würmer und essen heimlich bei dir mit. Sie sind eher nervig als schlimm. Um sie loszuwerden, musst du ein Wurmmittel aus der Apotheke einnehmen.

TIPP!

MADENWÜRMERN DIE LAUNE VERDERBEN!

Vor dem Essen und nach dem Klo Hände waschen. Obst und Gemüse abspülen! Jeden Morgen eine frische Unterhose anziehen und essen, was Madenwürmer nicht mögen, z.B. Knoblauch, Zwiebeln, rohe Möhren, Kürbiskerne.

LÄUSE

Es kratzt am Kopf zur Winterszeit?
Weil im Winter alle zusammenrücken, gehen die Läuse öfter mal auf Wanderschaft von Kopf zu Kopf. Sie naschen von deinem Blut, indem sie dich beißen und ein bisschen saugen. Für dich ist das nur ein Jucken. Nur?
Auf solche Mitbewohner kannst du verzichten!

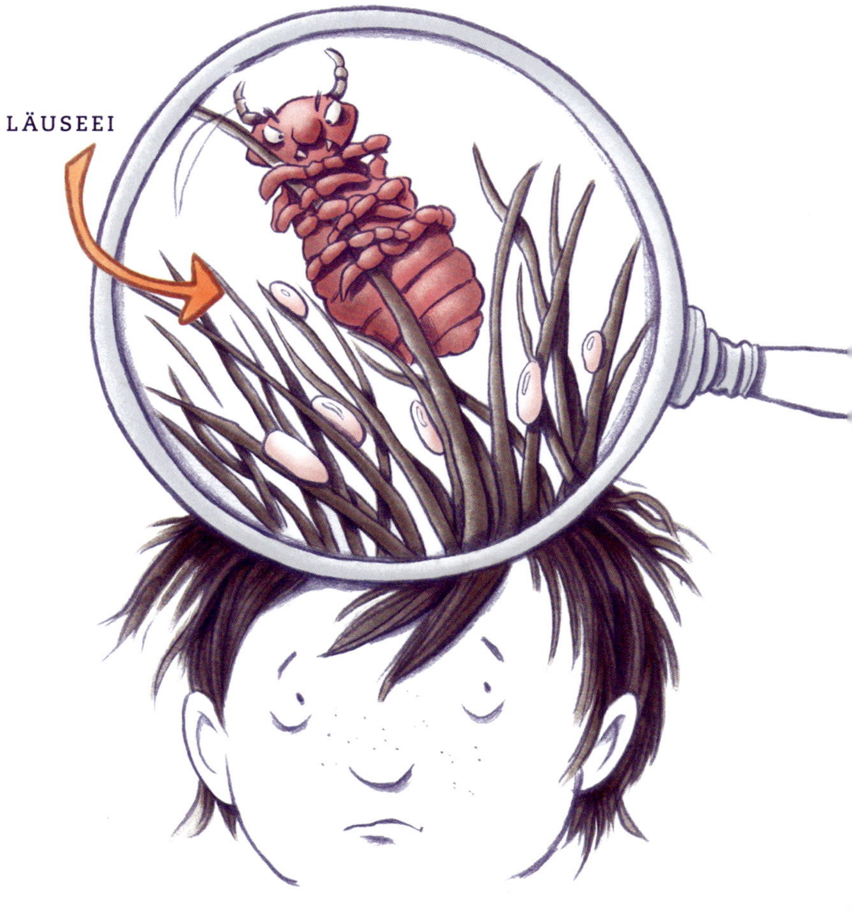

Doch wer macht es sich
wenig später neben ihr
bequem und hält ihr
eine besonders lange
Borreliennudel vor
die Schnauze? »Phago!«
Während die beiden
die blutsaugende
Monsterzecke bestaunen,
passen sie gleichzeitig
auf, dass sich nicht heimlich
deren fiese Mitreisende
in den Körper schleichen:
Sie werden als Snack
zwischendurch vertilgt!

BORRELIA
BURGDORFERI

ZECKEN UND MÜCKEN

Auch diese Minivampire haben es auf dein Blut abgesehen. Vor allem Zecken können Krankheitserreger in sich haben, die beim Stich direkt ins Blut umsteigen. Die Zecke kann also ein Reisebus für fiese Keime sein. Bevor sie dich stechen, krabbeln Zecken erst eine Weile auf dir herum, um einen möglichst gemütlichen Rastplatz zu finden.

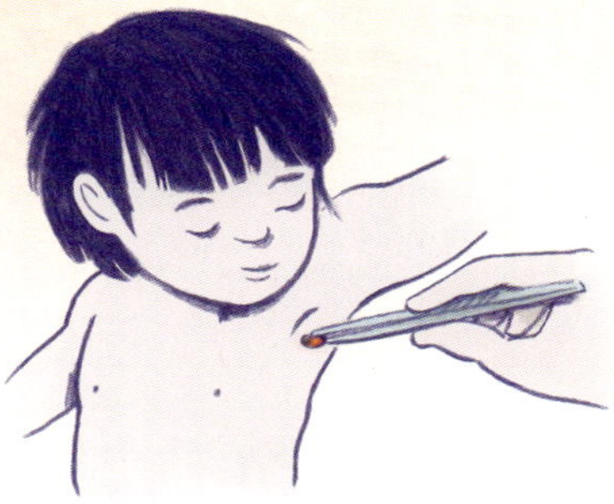

TIPP!

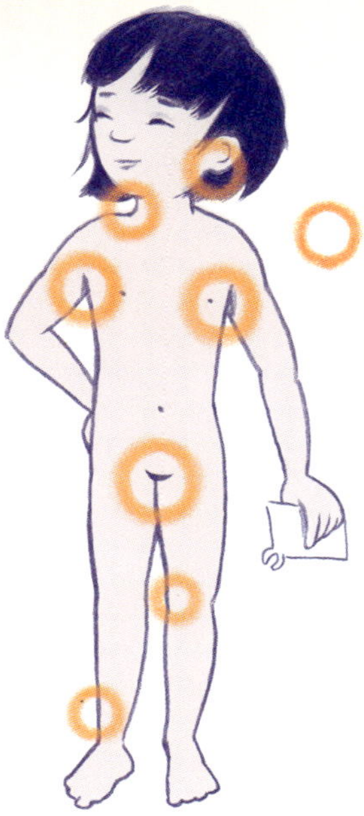

Hier fühlen sich Zecken besonders wohl

WAS TUN BEI BISSEN UND STICHEN?

Sei aufmerksam. Eine Zecke entfernt man am besten sofort: ohne zu drehen, senkrecht, mit einer Pinzette oder einer Zeckenkarte herausziehen. Und auf Insektenstiche: einfach Spucke! Halbe Zwiebel drauf hilft auch. Oder Antihistamingel (gibt's in der Apotheke), am besten gekühlt.

PUNKTE, FLECKEN, PICKEL

Nach der Gruselshow ziehen die beiden zusammen weiter.
Ein gewaltiger Berg ragt vor ihnen auf.
»Was ist das denn?«, knurrt Phago.
»Keine Ahnung.« Auch Zyttie ist ratlos. »Komm, wir fragen die schlaue Lymphie, die weiß es bestimmt. Schließlich ist sie ein weißes Blutkörperchen mit Schulbildung.«

WARZEN

Warzen entstehen durch eine Infektion mit bestimmten Viren, die in die Haut eindringen und sich in Hautzellen einnisten. Sie sind ansteckend, aber normalerweise nicht schlimm.

TIPP!

WIE WIRST DU WARZEN WIEDER LOS?

Warzen verschwinden oft von alleine wieder. Wenn sie dich nerven, probiere es mit Vereisungsspray oder betupfe sie mit dem Saft von Schöllkraut oder Löwenzahn. Du kannst sie aber auch besprechen! Wichtig ist, dass du fest daran glaubst. Versuche es mit folgendem uralten Spruch:

»Was ich
sehe, das vergehe,
was ich streiche,
das erweiche,
Warze, falle ab!«

Es gibt noch viele andere Hautveränderungen, zum Beispiel:

Doch Lymphie kann ihnen auch nicht helfen.
»Hatte ich noch nicht«, meint sie ein bisschen zerknirscht.
»Was machen wir denn jetzt?«, fragt Zyttie besorgt.
»Manchmal reicht es auch zu wissen, dass es nichts Schlimmes ist«, mischt sich eine der alten Gedächtniszellen ein.
»Dann fress ich einfach alles auf«, schmatzt Phago.
»Gute Idee«, nickt die Alte. »Aufräumen hilft meistens.«

DIE SCHLAUEN LYMPHOZYTEN

In den Lymphknoten leben und arbeiten die Lymphozyten, die zu den weißen Blutkörperchen gehören. Wenn sie viel zu tun haben, kannst du das tasten: Deine Lymphknoten schwellen an. Lymphozyten lernen an deinen Krankheiten. Manche von ihnen werden zu alten, weisen Gedächtniszellen, die ihr Wissen wie eine Speicherkarte bewahren. Wenn ein fieser Keim zum zweiten Mal deinen Körper entert, erkennen sie ihn wieder. Diese Fähigkeit macht man sich bei **IMPFUNGEN** zu Nutze: Eine ungefährliche Menge abgeschwächter Erreger wird dir unter die Haut gespritzt und die Lymphozyten lernen schon auf Vorrat, Abwehrmittel gegen diese Erreger zu bilden. Das macht man etwa bei Erkrankungen wie Masern und Röteln.

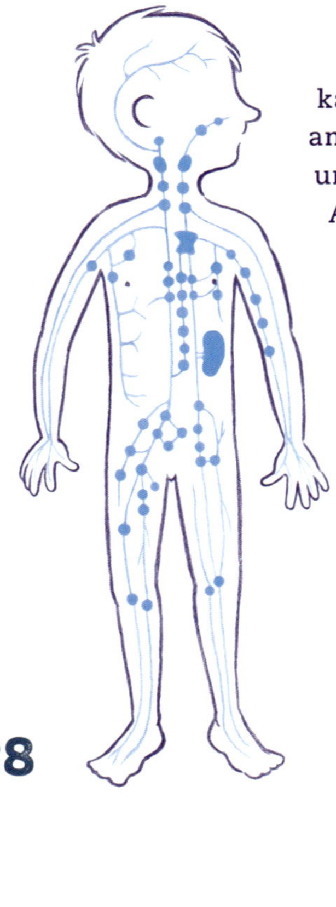

Lymphknoten kann man am Hals und unter den Achseln fühlen.

ALLERGIE? WER TICKT HIER AUS?

Zyttie und Phago spielen gerade Pollenball in der Nase, als Zyttie plötzlich knurrt: »Oh nein, da kommt Bastamasta. Diese durchgedrehte Mastzelle hat uns gerade noch gefehlt!«
Ihr entfernter Cousin ist mal wieder völlig aus dem Häuschen.
»Was macht ihr da? Ihr müsst diese fiesen Eindringlinge fressen!«
»Quatsch! Das sind überhaupt keine Fieslinge!«
Zyttie leckt an einer Polle. »Die schmeckt nach gar nichts! Du übertreibst mal wieder.«
»Und du hast keine Ahnung!«

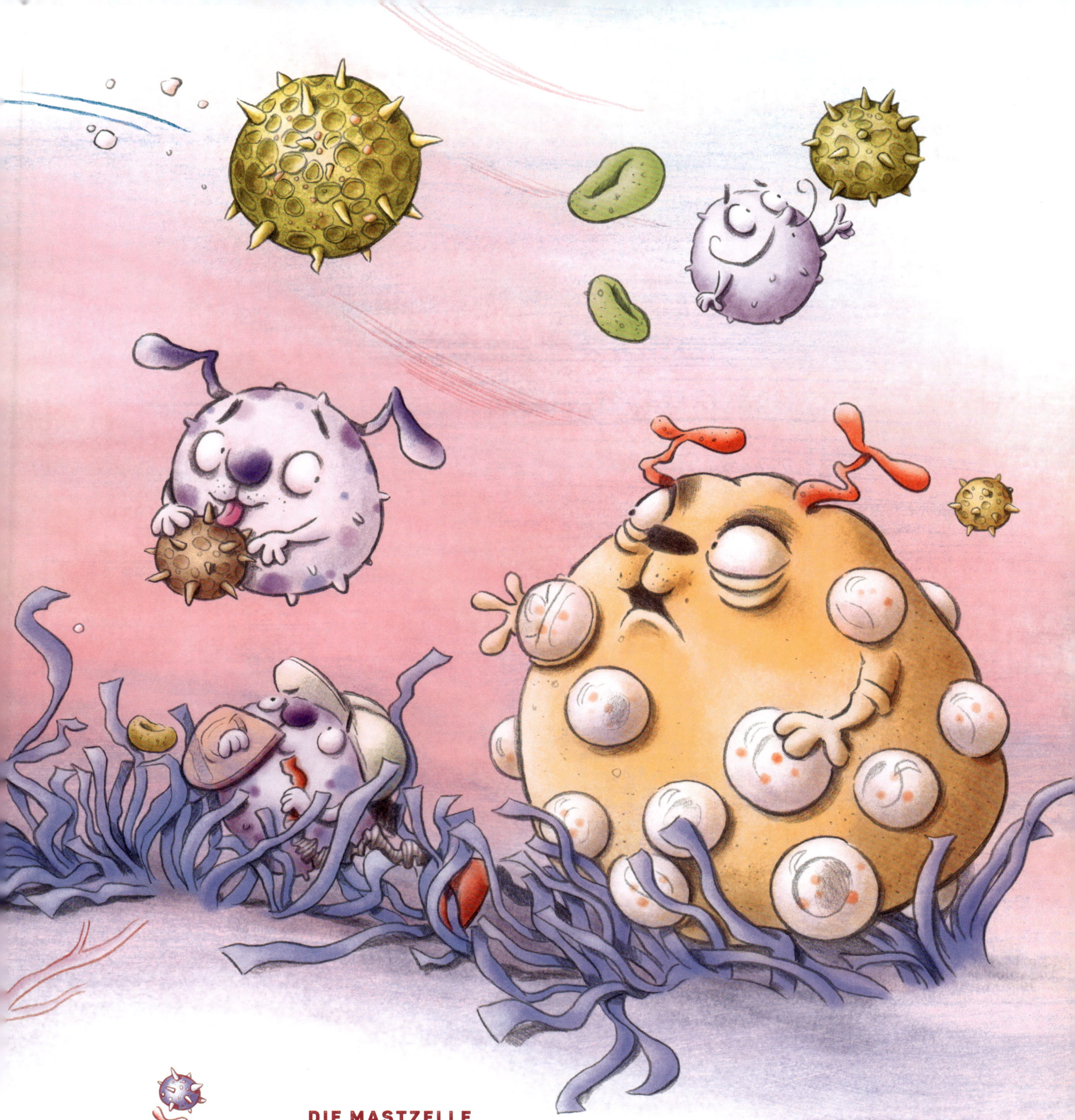

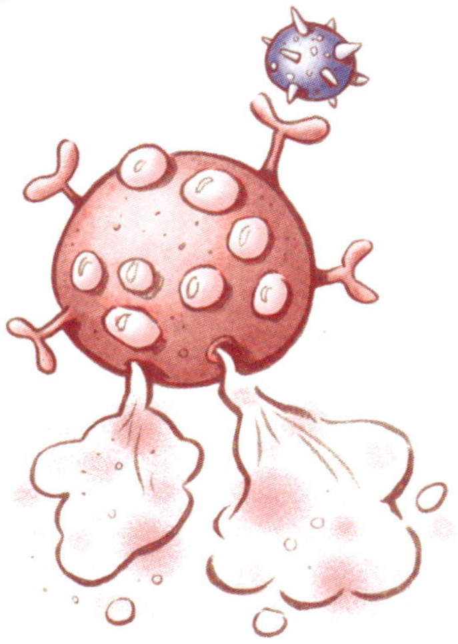

DIE MASTZELLE

Die Mastzelle gehört auch zu den weißen Blutkörperchen. Sie enthält kleine Bläschen, welche mit Botenstoffen gefüllt sind, die bei Abwehrreaktionen wichtig sind, z. B. um andere weiße Blutkörperchen zu rufen oder die Durchblutung in der Umgebung zu erhöhen. Bei Allergien kommt es zu einer Überreaktion der Mastzellen.

»Achtung!«, kläfft Lymphie dazwischen.
»Eine Niesexplosion!«
»So ein Theater wegen ein paar niedlicher Pollen!«, knurrt Zyttie und springt wütend in einen kleinen Blutfluss.
»Komm, Phago, wir verdünnisieren uns.«

POLLENALLERGIE
(HEUSCHNUPFEN)

HAUSSTAUB(MILBEN)-
ALLERGIE

TIERHAAR-
ALLERGIE

NAHRUNGS-
MITTEL-
ALLERGIE

ALLERGIE

Eine Allergie ist eine zu heftige Reaktion auf Stoffe, die eigentlich nicht schädlich sind. Das Immunsystem tickt aus. Es gibt verschiedene Arten von Allergien. Die meisten zeigen sich als Schnupfen, Husten oder Hautausschlag, aber es gibt auch gefährliche Formen mit Luftnot und Schock. Dann braucht der Körper schnell medizinische Hilfe von außen.

ALLERGIETEST

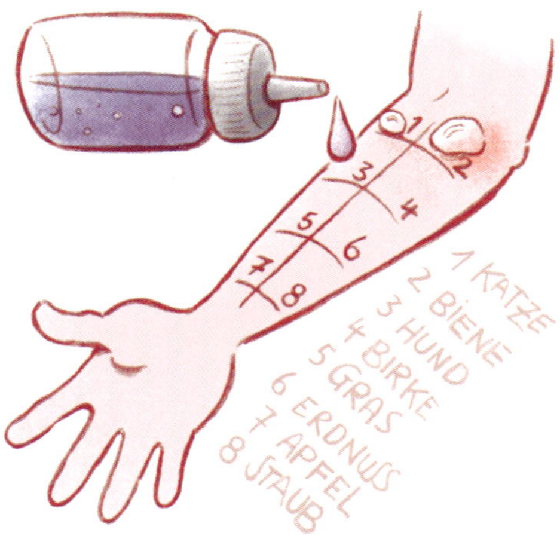

INSEKTENGIFT-
ALLERGIE

KONTAKTALLERGIE
(GUMMI, PUTZMITTEL, ...)

OH NEIN, ES BLUTET! – SCHARFE VERLETZUNGEN

Zyttie lässt sich im Fluss treiben und schaut sich suchend um. Wo ist Phago? Ist er ihr nicht wie sonst gefolgt? Plötzlich wird die Strömung wild und reißend. Irgendwo muss es bluten! »Taschenmesseralarm!«, kläfft sie und paddelt los, um ihre Cousine Thrombine zu holen. Die ist jetzt wichtiger als Phago.

THROMBOZYTEN

Die klebrigen Thrombozyten werden auch Blutplättchen genannt. Blutplättchen sind für die Blutstillung zuständig. Sie stopfen das Loch in der Gefäßwand. Da Blut wie eine flüssige Werkstatt ist, kann man dort alles finden, was man dazu braucht.

»Bin schon da!«, ruft ein piepsiges Stimmchen. Die klebrige Thrombine ist immer blitzschnell zur Stelle, wenn es etwas zu reparieren gibt. »Fürs Erste ist alles wieder dicht«, sagt sie wenig später. »Jetzt müssen die Fachleute ran.«

ABLAUF DER WUNDHEILUNG

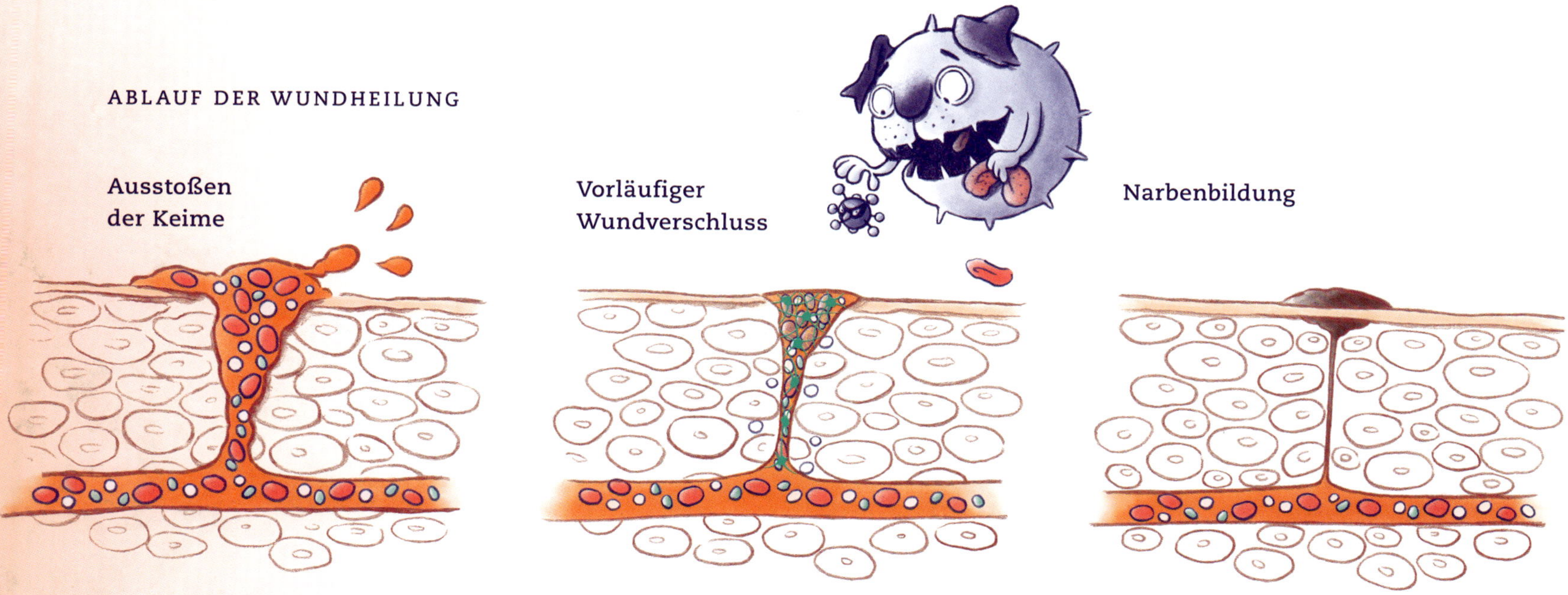

TIPP!

WANN SOLLTEST DU ZUM ARZT GEHEN?

Wenn die Wunde stark verschmutzt, sehr groß ist oder immer wieder aufreißt. Manche dieser Wunden können mit einem speziellen Gewebekleber geklebt werden. Geht das nicht, müssen sie genäht werden.

WUNDHEILUNG UND WUNDVERSORGUNG

Ist die Blutung gestoppt, kann die Wundheilung beginnen. Bei einer Schürfwunde ist meist nur die oberste Hautschicht verletzt, sie heilt ohne Narbe ab. Desinfiziere die Wunde. Es gibt Wundsprays, die nicht brennen. Wenn du die Wundränder zusammenpresst, hilfst du bei der Blutstillung. Achte darauf, dass sich die Wundränder gut aneinanderlegen – dann können sie mit Thrombines Hilfe gleich verkleben.

AUA, ES WIRD GANZ DICK! – STUMPFE VERLETZUNGEN

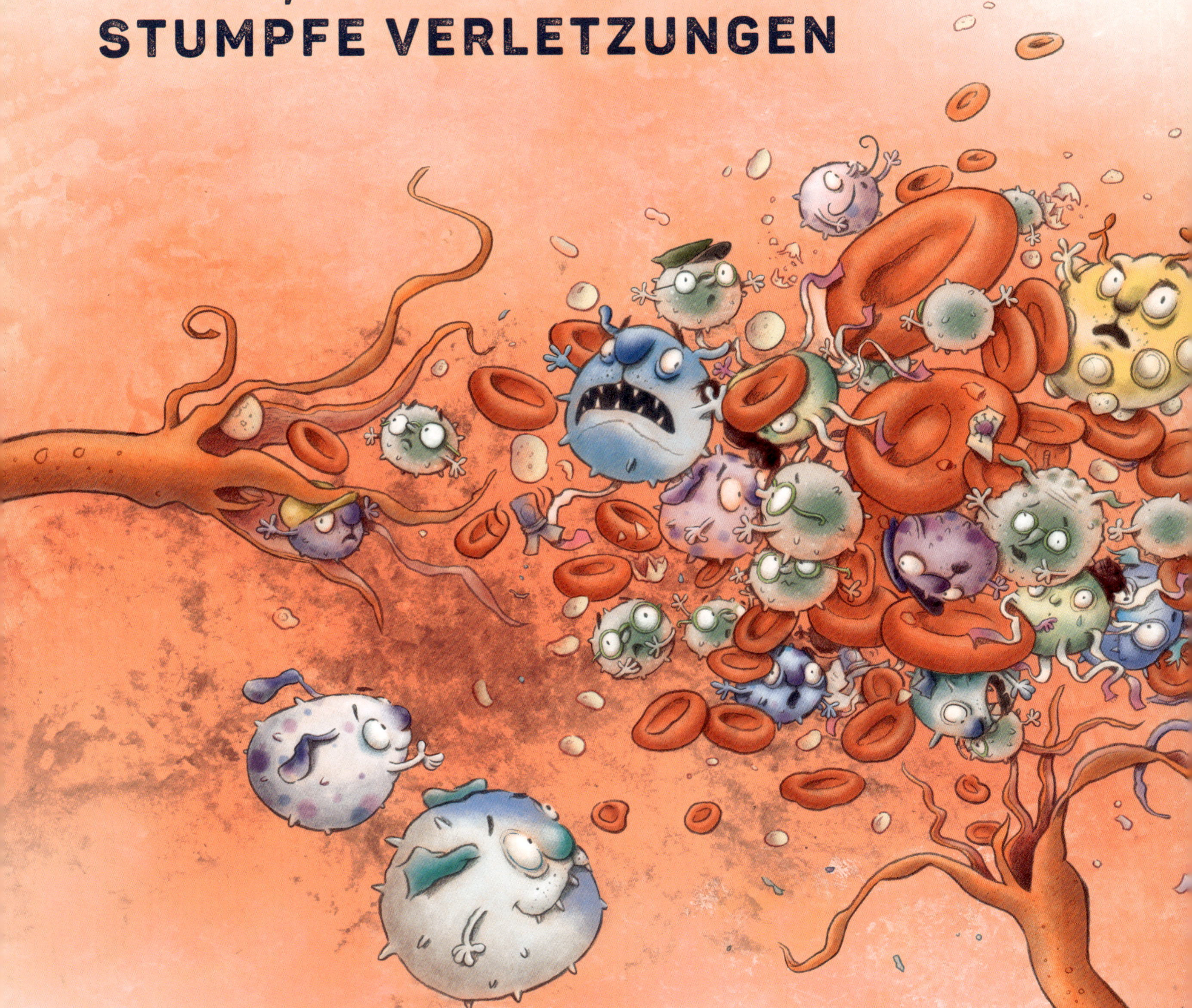

Phago ist sauer, dass die freche Zyttie mal wieder abgehauen ist, ohne auf ihn zu warten. Er hätte Thrombine auch gern zugesehen!
»Sei doch nicht sauer«, meint Zyttie ein bisschen zerknirscht.
»Lass uns lieber Schleim schlittern gehen!«
Als die beiden an der Rutschbahn ankommen, gibt es auf einmal einen heftigen Rums. Die Mundschleimhaut schlägt hohe Wellen. Schmerzofone klingeln. Der Alarm kommt von der Stirn.
»Am Kopf hat's geknallt«, stellt Phago fachmännisch fest.
»Da wird einem ja ganz schwummerig«, jault Zyttie.

»Nicht so schlimm«, meint Phago und leckt sich die Schnauze. »Das gibt einen schönen blauen Blutpudding!«

»Na dann nichts wie hin!« Zyttie holt Schwung und schlittert los: »Wer als Erstes da ist!«

BLAUER FLECK

Ein blauer Fleck entsteht, wenn Blutgefäße einreißen und das Blut in das umliegende Gewebe sickert. Dort verdickt sich das Blut und wird dann nach und nach abgebaut. Die Fresszellen helfen dabei. Das kannst du sehen: Der Fleck verfärbt sich und ist dann irgendwann verschwunden.

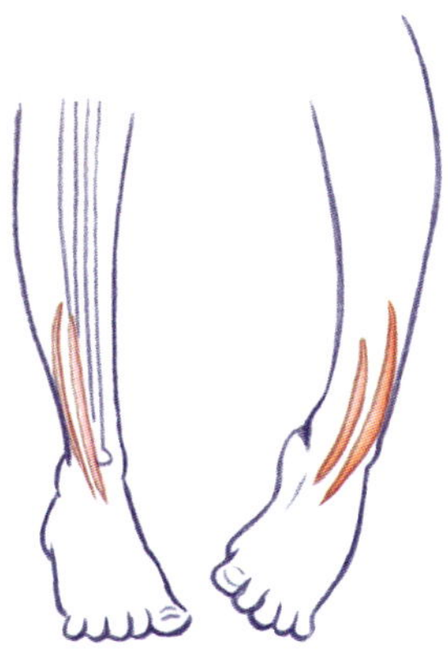

ZERRUNG, PRELLUNG, VERSTAUCHUNG – WAS IST DAS ALLES?

ZERRUNG: An deinen Muskeln und Bändern wird plötzlich stark gezerrt, z. B. wenn du umknickst. Dabei können einzelne Fasern und Blutgefäße reißen. Eine **VERSTAUCHUNG** ist eine Zerrung im Bereich eines Gelenks, bei der die Bänder überdehnt werden, die das Gelenk festhalten. Eine **PRELLUNG** nennt man es, wenn du dich heftig gestoßen hast. Egal was es ist: Es tut scheußlich weh, wird dick und manchmal auch noch blau.

TIPP!

WAS KANNST DU TUN?

Hochlegen, kühlen und ausruhen.

HILFE AUS DEM AUSSENDRAUSSEN – KNOCHENBRUCH

Manchmal ist das Chaos im Körper einfach zu groß und die weiße Meute schafft es nicht allein. Dann brauchen Zyttie und Phago Hilfe aus dem Außendraußen.
Ein plötzlicher dumpfer Schlag lässt ihre Welt erzittern wie nie zuvor. Ein Erdbeben? Irgendwo kracht es gewaltig. Schmerzofone rasseln.
Erschrocken sehen Zyttie und Phago sich an.
»Schnell!«, kläfft Zyttie. »Wir werden dringend gebraucht.«
»Aber wo denn bloß?«, jault Phago. »Es klingelt ja überall!«
»Ich glaube, die meisten Notrufe kommen aus dem linken Unterarm!«, japst Zyttie.

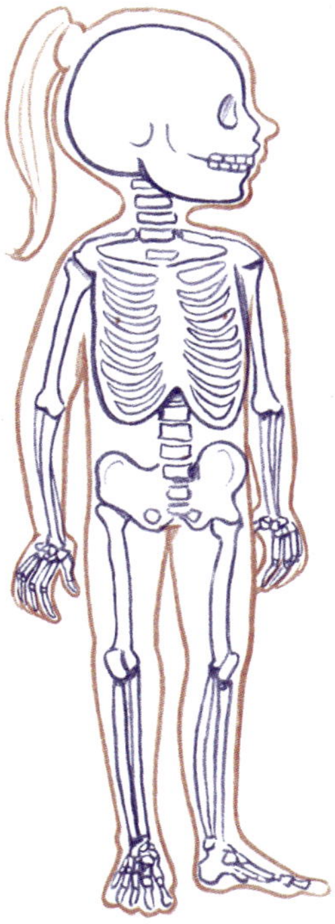

Das markerschütternde Knacken und Knirschen macht die weiße Meute ganz kribbelig.
»Ich glaub, das ist ein Knochenbruch«, bellt Zyttie aufgeregt. Schuttberge, tiefe Gräben und kleine Blutseen haben sich gebildet. Phago nickt: »Das ist eine Riesenbaustelle. Hier sind wir eine Weile beschäftigt.«

Nach einiger Zeit wird das unheimliche Knirschen plötzlich leiser, ein Teil der Schmerzofone verstummt. »Merkst du das, Phago? Das ist bestimmt die Hilfe aus dem Außendraußen!«, seufzt Zyttie erleichtert. »Jetzt können wir ein Päuschen machen.«

KNOCHENBRUCH

Mit einem Röntgengerät wird ein Schwarz-Weiß-Bild gemacht. Ist der Knochen gebrochen, brauchst du einen Gipsverband, damit er wieder gut zusammenheilen kann. Der Gips hält den Knochen ruhig und in der richtigen Stellung. Wenn ein Bruch stark verschoben ist, kann es sein, dass man operieren muss, um die Knochenstücke wieder zusammenzupuzzeln. Damit sie nicht verrutschen, werden sie erst mal mit Drähten oder Schrauben zusammengehalten. Ein Gipsverband wird feucht an deinen Arm oder dein Bein gewickelt. Er trocknet ganz schnell und wird dabei warm. Wenn du auf den Gips klopfst und es hohl klingt, ist er fest. Ist die Schwellung zurückgegangen, wechselt man den weißen Gips in einen bunten Kunststoffgips. Der ist bequemer.

HILFE AUS DEM AUSSENDRAUSSEN – BLINDDARMALARM

Es wimmelt nur so von weißen Blutkörperchen. Überall liegt Müll herum. »Puh, ist mir heiß«, japst Phago und öffnet träge sein Maul, um sich noch ein bisschen Zellschrott einzuverleiben. Seit Ewigkeiten klingeln nun schon die Schmerzofone rechts unten im Bauch. »Wieso hört uns denn keiner zu?«, bellt Zyttie aufgeregt. »Das ist hier wirklich ein echter Außendraußen-Notfall! Wir kriegen es nicht mehr alleine hin!«

»Zieht lieber um!«, ruft Zyttie ihren Freunden Bacilla und Bacterio zu. »Das geht nicht mehr lange gut.« »Haben wir auch vor«, meint Bacilla. »Wir kommen bei Verwandten im aufsteigenden Dickdarm unter.« Plötzlich beginnt alles um sie herum zu schwanken. »Kommt jetzt auch noch ein Darmgewitter?«, jault Phago. »Mir wird schlecht! Ich hab mich total überfressen!« »Es geht los, Phago!«, hechelt Zyttie. »Der Außendraußen-Räumdienst ist da! Komm, wir gucken zu!«

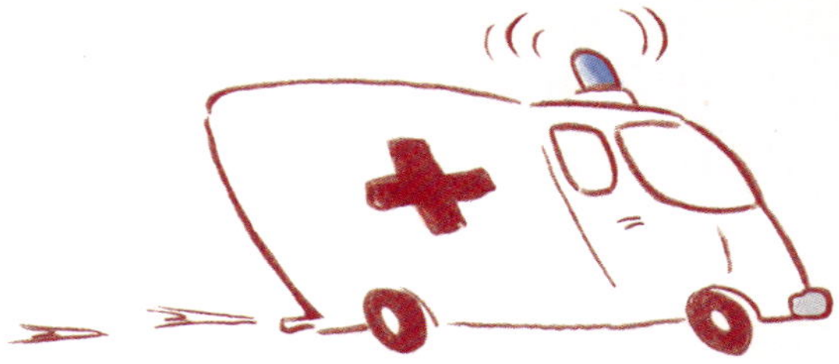

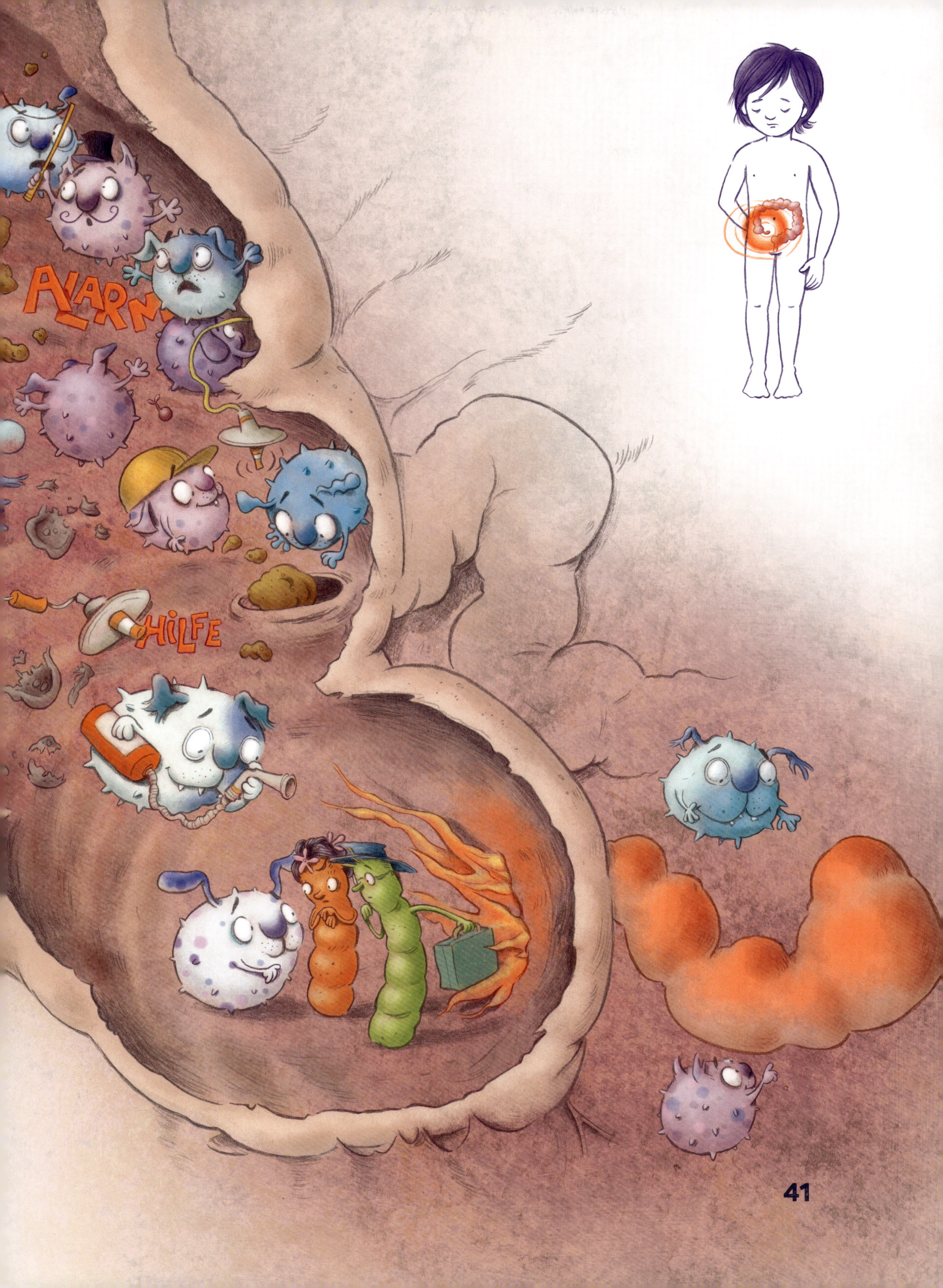
ALARM
HILFE

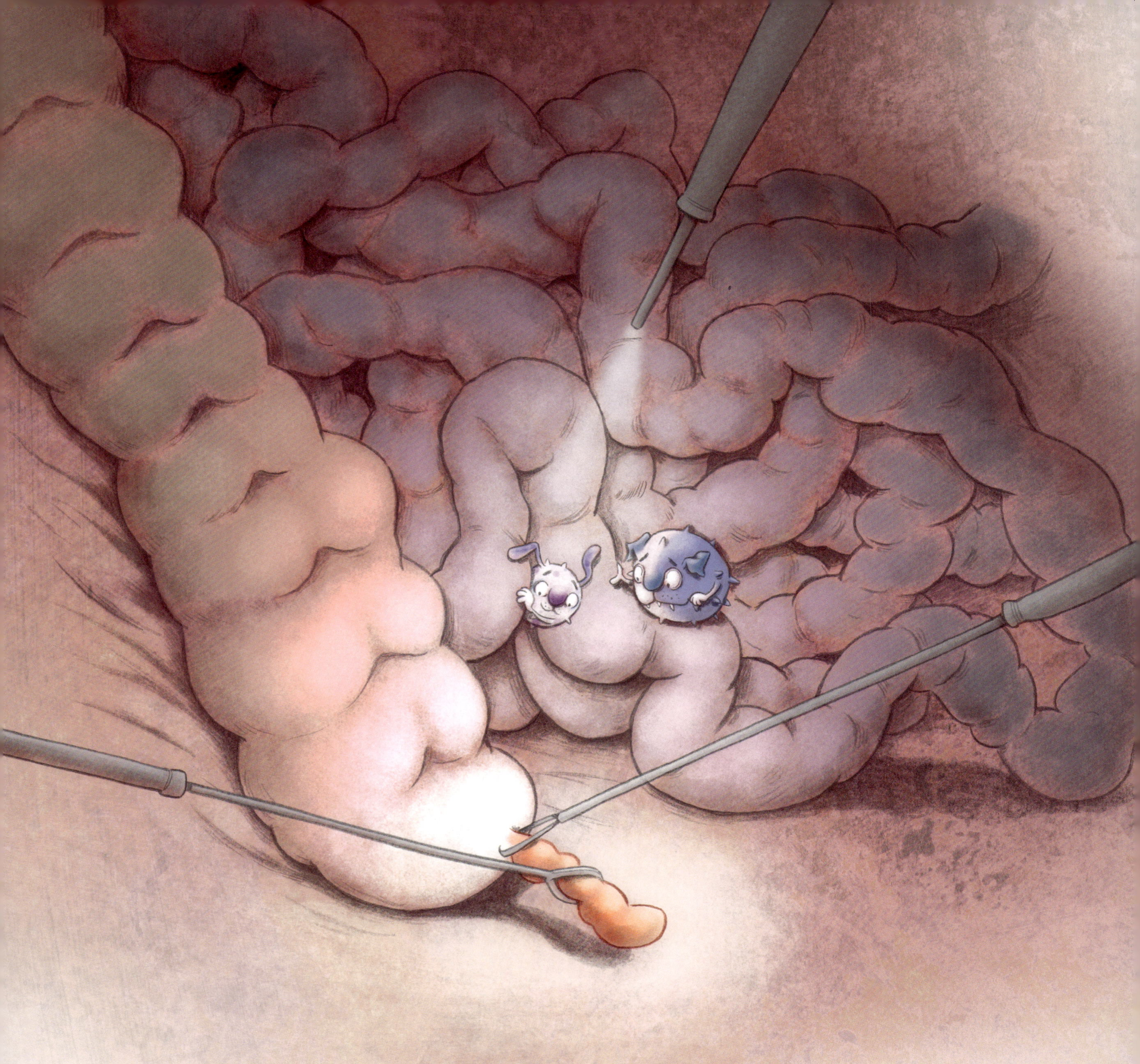

BLINDDARMENTZÜNDUNG

Die Blinddarmentzündung müsste eigentlich Wurmfortsatzentzündung heißen. Der Wurmfortsatz ist eine kleine Sackgasse, die vom Blinddarm abzweigt. Ein versteckter Ort, an dem viele weiße Blutkörperchen und Bakterien leben, gut geschützt vor Durchfallgewittern. Manchmal kann es dort ganz schön eng werden, z.B. wenn ein Kackeklops den Eingang verstopft oder Bewohner und unliebsame Gäste sich streiten. Blinddarmreizungen können wieder abklingen, aber wenn er sich richtig entzündet, bleibt nur eins: Der Wurmfortsatz muss raus. Das geht nur mit einer Operation im Krankenhaus.

BLINDDARMOPERATION

Im Operationssaal wirst du mit Medikamenten in einen tiefen Schlaf versetzt. Der OP-Saal sieht ein bisschen aus wie ein großes Badezimmer. In der Mitte ist der OP-Tisch, auf dem du liegst. Vor der Operation wird die Haut auf deinem Bauch desinfiziert. Dann macht man am Nabel einen kleinen Schnitt, durch den – wie durch ein Schlüsselloch – eine Kamera gesteckt wird. Über einen Bildschirm zeigt sie, wie es in deinem Bauch aussieht. Zwei weitere kleine Schnitte werden für die Instrumente gemacht, mit denen dann der Wurmfortsatz entfernt wird. Am Schluss wird alles mit selbstauflösendem Faden zugenäht und du kannst wieder aufwachen!

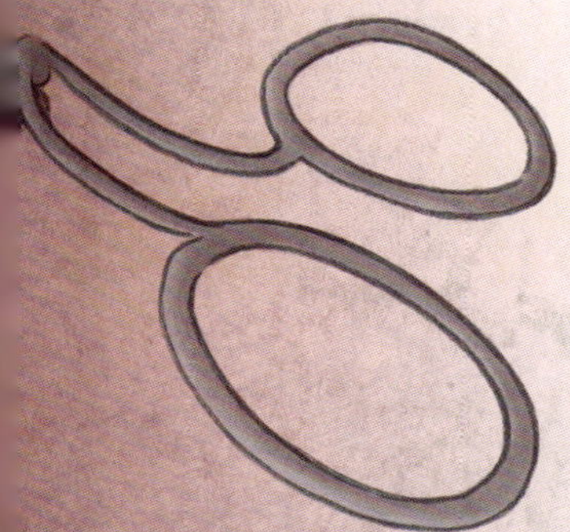

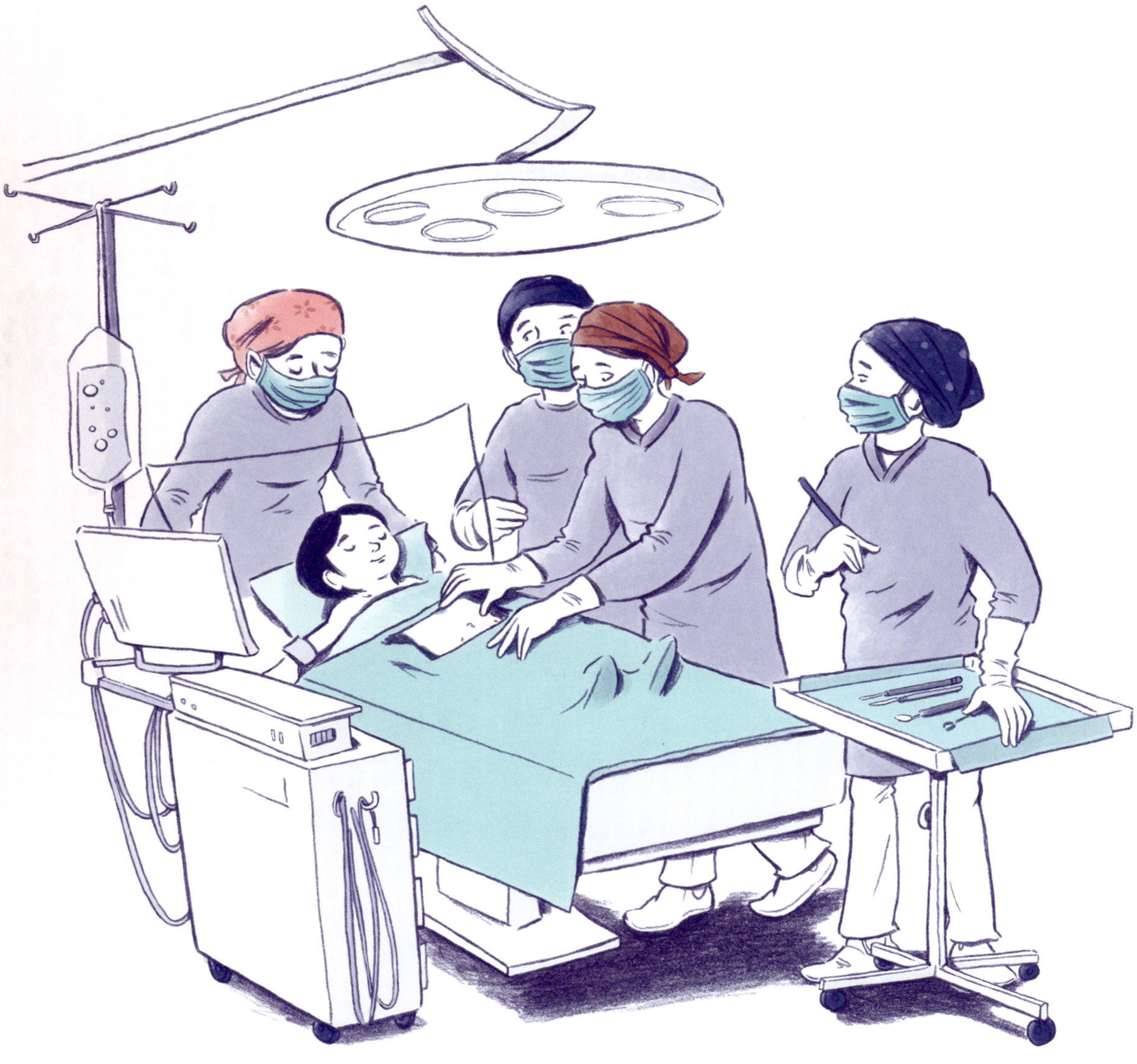

TIPP!

NACH DER OP

Lass es nach einer Operation ruhig angehen. Trink zuerst nur ein bisschen Wasser. Wenn du das gut vertragen hast, kannst du mehr probieren.

LANGWEILIG WIRD'S NIE

»Bei uns ist echt nie Ruhe«, meint Zyttie, als sie und Phago sich schließlich satt und zufrieden in einem warmen Eitersee treiben lassen.

»Aber dafür gibt's immer ordentlich was zu futtern!«, seufzt Phago. »Und langweilig wird's auch nicht. Schon gar nicht mit dir!«

»Da hast du recht!«, bellt Zyttie glücklich.

»Ich freu mich schon auf unsere nächste Runde, Kumpel!«

TIPP!

ERSTE HILFE IN WALD UND FELD

Umgeknickt und abgeschürft oder Insektenstich und nichts dabei? Spucke hilft. Leck deine Wunden. Aber nur die eigenen! Auch Spitzwegerichblätter können helfen! Vorsichtig ein bisschen zerreiben und auf die betroffene Stelle legen. Zum Befestigen z.B. eine Socke darüberziehen.

DEINE KLEINE NOTFALLAPOTHEKE:

— saubere Papiertaschentücher
— kleine Flasche Desinfektionsspray (ohne Alkohol, der brennt!)
— Pflaster (in verschiedenen Größen)
— eine elastische Binde (ca. 7 cm breit)
— medizinisches Klebeband
— Pinzette (vorn geriffelt)
— Zeckenkarte
— kleine Schere oder Taschenmesser

DIE MEUTE DER WEISSEN BLUTKÖRPERCHEN

THROMBINE
Thrombozyt,
Blutplättchen

DIE GEHEIMNISVOLLE EOSINOPHILINE
Eosinophiler Granulozyt

» Hast du mich im Buch entdeckt?«

PHAGO
Macrophage,
Riesenfresszelle

LYMPHIE
Lymphozyt

ZYTTIE
neutrophiler
Granulozyt

BASTAMASTA
Mastzelle

DIE SCHLAUE,
ALTE GEDÄCHTNISZELLE
Lymphozyt

»Zum Schluss, was ist da noch ganz wichtig? Ruhe bewahr'n ist immer richtig!«